ANTIENE SPIRITVELS, OV NOELS NOVVEAVX,

SVR LA NAISSANCE
du Sauueur, Sur les plus beaux
Airs de ce temps.

Par M. P. Fille.

A PARIS,
Chez NICOLAS OVDOT, ruë vieille
Bouclerie, au bout du Pont
Saint Michel.

M. DC. LXXII.
AVEC PERMISSION.

A MADEMOISELLE
MADEMOISELLE
DE LA RIVIERE.

ADEMOISELLE,

Tous ceux qui ont l'honneur de vous connoistre s'estonneront que j'aye osé dédier un Ouurage si commun à une personne si extraordinaire, à moins que les admirateurs de vos vertus n'ayent autant la pieté en recommandation que vous l'auez; car il est vray, MADEMOISELLE, que c'est par ce seul motif que ie me dois promettre un heureux succés dans mon dessein; Et quoy que la naissance du Sauneur du Monde soit un sujet chanté quelquefois par de mauuais Poëtes ; neantmoins il est toûjours auguste & considerable à ce poinct, que si ce n'est pas l'éleuer au moins, c'est ne l'abaisser pas que de l'offrir à la plus pieuse heroine de nostre temps, & à celle qui reuere le plus le diuin mystere du Verbe sacré. Et d'ailleurs, MADEMOISELLE, il me souuient que vous auez toûjours veu mes ouurages auec tant de complaisance, & que vous auez eu la bonté d'en parler si fauorablement à vos illustres amis, que l'on peut dire auec iustice que vous leur auez donné la grace qui leur manquoit : Ce ne sont pas encore les seules marques de vostre generosité ; l'on sçait que iamais personne ne la porté si loing que vous faites, ce n'est pas aussi la moindre des rares qualitez qui sont en vous; & ie croy aussi que si la fortune les recompensoit, vous regneriez quelque iour auec autant d'empire sur toute la terre, que vous regnez presentement dans les Cœurs; Mais vous sçauez, MADEMOISELLE, que souuent les Sceptres ne sont pas le partage de la vertu, il faut se contenter de les meriter; je ne diray rien de vostre illustre & haute naissance, ny que vous auez l'auantage d'estre au rang des filles de nostre grande Reine, puis que toutes ces choses ne sont non plus ignorées que vostre merite, ie dis seulement que la fortune est du moins autant aueugle à vostre égard, que je suis auec plus de connoissance & de respect,

MADEMOISELLE,

Vostre tres-humble & tres-obeïssante seruante,
FRANÇOISE PASCAL.

CANTIQVES SPIRITVELS,

SVR LA NAISSANCE
du Sauveur, Sur les plus beaux
Airs de ce temps.

POVR LES AVANTS.

Sur l'air, *Grand Dieu des Enfers*, &c.

GRAND Dieu souverain
Escoutez nos peines;
Tout le genre humain
Languy dans les chaînes;
Forcez de nostre sort,
La loy barbare,
Voyez à qu'elle mort
Il nous prepare;
Venez par vos travaux

Soûlager nos maux.

Ha! quand viendrez-vous,
Monarque celeste,
Nous délivrer tous
Du cachot funeste.
Ha! ne nous laissez pas,
Dans les abismes,
Arrachez au trépas
Tant de victimes;
Soyez nostre garant
Divin conquerant.

POVR LE MARIAGE
de la Vierge.
Sur l'air, *Tyrsis vn iour au bord de la Seine*, &c.

Vovs pleurez heureuse Marie,
Quand le grand Prestre vous marie,

Ha ! vostre vie
Sera suivie
Par ce sainct nœud d'vn prodige cer-
 tain ;
Dieu vous a choisie
Pour vn grand dessein,
Son fils logera dans vostre chaste sein.

L'Espoux à qui l'on vous engage,
Par ce tres-sacré mariage,
Et pur & sage,
Et son langage
Fait bien iuger au sentiment de tous
Qu'il est dans son aage,
Chaste comme vous ;
Soyez maintenant pour vn si digne
 époux.

Mais enfin vous estes contente,
Vous ne trompez plus nostre attente
Vierge charmante
Et ravissante,

Vous commencez déja noſtre bon-
heur,
La mort s'épouvante
Et s'enfuit de peur,
L'enfer en fremit de rage & de fureur.

POVR LA CONCEPTION,

Sur l'air, *Vſez mieux ô beauté fiere*, &c.

Voicy divine Marie
Vn Ange qui vient des Cieux,
Ne ſerez vous pas ravie
A cét abord glorieux,
Hé ! quoy Vierge fortunée
De ce bel ambaſſadeur,
Vous demeurez eſtonnée,
Et vous fremiſſez de peur.

Cette lumiere éclatante
Dont il a remply ces lieux,

Vous semble si surprenante,
Qu'elle éblouy vos beaux yeux.
Ha! ne trouuez pas estrange
De le voir entrer chez vous ;
Vous voyez que ce bel Ange
Se prosterne à deux genoux.

Et lors-qu'il veut vous apprendre
Que Dieu vient dans vostre sein,
Vous auez peine d'entendre
A son celeste dessein.
Ha! croyez-vous, Vierge sainte,
Que vostre virginité,
Quand vous en serez enceinte,
Perde son integrité.

Mais la divine éloquence
De ce bel ambassadeur
A vaincu la resistance
Que causoit vostre pudeur;
Il s'est si bien fait entendre
Ce messager bien instruit,

Qu'enfin il vous fait comprendre
Quel sera ce divin fruit.

Autre,
Sur l'air, *Que les plaisirs dérobez sont doux, &c.*

Dieu qui sçavoit la nature
A la mercy des enfers,
N'a pû voir sa creature
Gemissante dans les fers;
Et pour finir sa torture,
Il envoye icy contre le danger
Son propre fils, son propre fils pour nous soûlager.
Son propre, &c.

Mortels qu'avons-nous à craindre,
Apres ce divin secours,
L'enfer nous peut-il atteindre,
Vn Dieu conserve nos iours;

Nous n'avons plus à nous plaindre,
Car nous avons contre le danger
Son propre fils, son propre fils pour
nous soûlager.
Son propre, &c.

Autre,
Sur l'air, *De ce trébuchement fatal, &c.*

ENfin beau chef-d'œuvre des Cieux,
Vous portez donc ce tresor precieux,
L'Eternel auoit fait dessein
De se loger vn iour dans vostre chaste sein.

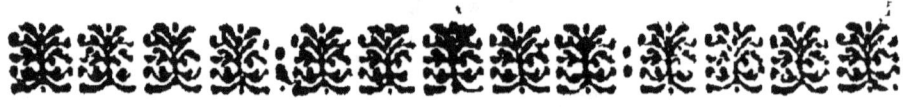

Il falloit l'œuvre de ses mains
Pour conceuoir le salut des humains,
Aussi de tout ce qu'il a fait,
Vous estes justement l'objet le plus parfait.

Que dans ce sein plain de pudeur,
Vous renfermez de gloire & de gran-
 deur,
Nous verrons bien-tost l'heureux iour
Que ce Dieu nous viendra témoigner
 son amour.

Helas! qu'il vient bien à propos
Nous apporter vn asseuré repos;
Les enfers qui nous ont battus
A ce divin abord, seront tous abattus.

A LA VIERGE QVI CHERCHE
vn logis étranger, pour observer
les Edicts de Cesar.

Sur l'air, *Puis qu'en beuuant ie me pasmè.*

VOvs voulez donc, Vierge toute
 celeste,

Subir les loix d'vn injuste Empereur,
Vous obseruez cét Edict manifeste
Pour éuiter son indigne fureur:
Hé quoy, Vierge sans seconde,
Vous craignez cét inhumain,
Vous qui portez dans son sein
Ce grand Monarque du monde.

Ce Dieu puissant qui darde le tonnerre,
Qui d'vn clin d'œil émeut le Firmament,
Et fait regner tous les Rois de la terre,
Peut-il fléchir sous ce commandement;
Ah! doux Sauueur de nos ames,
Pour vostre royale Cour
Choisirez vn sejour
Digne de vos saintes flâmes.

Ioseph ne sçait où prendre vne retraite
Pour y loger ce Gage precieux,
Loin d'en trouuer telle qu'il la souhaite,

On luy refuse vn logis en tous lieux,
Il ne voit rien qu'vne étable
Où cette Vierge le suit,
& sur l'heure de minuit
Vient ce fruit tant souhaitable.

Autre,
Sur l'air, *I'ay entendu vne voix qui m'a crié par trois fois.*

Les Pasteurs.

Qvel est ce brillant Eclair
Qui devers nous s'avance,
N'entendez-vous point parler
Quelqu'vn qui s'écrie en l'air,
Silence, silence, silence.

O signes prodigieux!
O merueilles étranges!
Compagnons ouurez les yeux,

Vous yerrez parmy les Cieux
Des Anges, des Anges des Anges.

Ils font retentir nos bois
En frappant nos oreilles,
Et de leurs divines voix
Ils crient tous à la fois,
Merueilles, merueilles, merueilles.

C'est vn miracle étonnant
Que l'on nous manifeste,
L'on nous dit qu'en ce neant
Vient de naistre vn bel Enfant,
Celeste, celeste, celeste.

Les Anges.
Heureux Bergers, c'est pour vous
Qu'il vient icy de naistre,
L'on ne voit rien de si doux,
Et cét Enfant est de tous,
Le Maistre, le Maistre, le Maistre.

Dans vne étable, à minuit,

Par vn sacré myftere,
L'on peut dire de ce fruit
Qu'vne Pucelle a produit
Son Pere, fon Pere, fon Pere.

Pafteurs apprenez de nous
Quel eft voftre avantage,
Ce grand Roy vous veut voir tous,
Allez luy rendre à genoux
Hommage, hommage, hommage.

Les Pafteurs.

Allons-y diligemment,
Et fuivons ces lumieres,
Ne tardons pas vn moment,
Réveillez-vous promptement,
Bergeres, Bergeres, Bergeres.

Que noftre bon-heur eft grand,
Voicy ce doux Spectacle:
Car Tirfis en l'admirant
S'eft crié tout entrant,
Miracle, miracle, miracle.

Compagnons

Compagnons sentez-vous pas
Dans vos cœurs mille flâmes,
Que cét Enfant a d'appas,
Offrons-luy jusqu'au trépas,
Nos ames, nos ames, nos ames.

Autre,
Sur l'air, *Ah! quand reuiendra-t'il ce temps Brunette*, &c.

AH! Seigneur, la nature estoit perie,
Ah! tout estoit perdu sans vous.
Bien-heureux jour par qui la Prophetie,
Nous montre des effets si doux.
Enfin voicy le grand Messie
Qui vient nous redonner la vie.
Ah! Seigneur, la Nature estoit perie.
Ah! tout estoit perdu sans vous.

Ah! Seigneur, que l'on voit bien
  qui vous estes;
Ah! vous estes vn Enfant Dieu,
Ce que jadis asseuroient les Prophetes
De vostre venuë en ce lieu,
Leurs inspirations secrettes
Estoient d'asseurez interpretes.
Ah! Seigneur, que l'on voit bien qui
  vous estes,
Ah! vous estes vn Enfant-Dieu.

Ah! Seigneur, que l'on vous doit de
  loüanges,
Ah! Dieu, que vous estes charmant,
Vous estes Roy des hommes, & des
  Anges,
Et vous estes né pauurement:
Que ces prodiges sont étranges,
Nostre Sauueur est dans les langes.
Ah! Seigneur, que l'on vous doit de
  loüanges,

Ah! Dieu, que vous estes charmant.

Autre,
Sur l'air, *Bouteille mon amour*, &c.

O IESVS mon amour!
Vous estes dans la Creiche
Dessus la paille fraische,
Et mille Esprits divins qui vous sont
   tout autour.
O IESVS mon amour.

O IESVS mon amour!
Tout incomprehensible,
Comment est-il possible
Que vous ayez voulu faire icy vostre
   Cour,
O IESVS mon amour!

O IESVS mon amour!
Vostre grandeur profonde

En entrant dans le monde,
Devoit, comme les Rois, éclatter à
   son tour,
O IESVS mon amour!

Autre,
Sur l'air, *Que ce Dieu merite qu'on
   l'ayme, &c.*

BEl Enfant que chacun admire,
Divin Fils du Pere Eternel,
Vous venez du sein Paternel
Soûlager les maux dont l'Vniuers soû-
   pire,
C'est justement qu'il aspire
Au repos par ce iour solemnel.

Ah! Seigneur, ce divin mistere
Ne peut-il nous estre conneu,
Vostre Fils est icy venu;

SPIRITVELS.

Mais, ô Dieu puissant! comment se
 peut-il faire
Qu'vne Vierge en soit la Mere,
Et qu'elle ait divinement conceu.

Terre, & Cieux, vous voulez enten-
 dre
Vn secret si misterieux,
Ne le cherchez plus Terre, & Cieux,
Et ce n'est pas à vous qu'il se laisse
 comprendre,
Celuy qui sçeut l'entreprendre
Confondroit vos desirs curieux.

Autre,
*Sur l'air, Ma belle Maistresse rendez-moy
mon cœur, &c.*

Rien n'est comparable
A vous, mon Sauueur,
Rien n'est souhaitable

CANTIQVES

Que voſtre faveur,
Amour adorable,
Recevez mon cœur.

Celeſte merveille
Divine ſplendeur,
Ce grand Dieu ne veille
Qu'à noſtre bon-heur,
Amour ſans pareille
Recevez mon cœur.

Quand je vous contemple
Comme mon Sauveur,
Mon cœur offre vn temple
A voſtre Grandeur:
Amour ſans exemple
Recevez mon cœur.

O ſource feconde!
De toute douceur,
Vous n'eſtes au monde,
Que pour le pecheur:

Amour sans seconde
Recevez mon cœur.

Autre,
Sur l'air, *Ieanneton fait la farouche*, &c.

LE Roy des Cieux vient de naistre
Dans des vieux murs tous rompus,
Allons pour le reconnoistre,
Bergeres ne tardons plus:
Lan-lon-lan-là ne tardons plus, bis.

Il faut porter à la Mere
De quelque beau linge fin,
Dont la Belle pourra faire
Des drapeaux à son Dauphin,
Lan-lon-lan-là à son Dauphin, bis.

Damon porte ta muzette
Pour chanter au petit Roy

Vne douce chansonnette
Que tu diras auec moy;
Lan-lon-lan-là au petit Roy, bis.

Autre,

Sur l'air ; *Philis vous auez dans les yeux*, &c.

BErgers venez voir dans ce lieu
Cét Homme-Dieu
Né depuis peu,
Voilà sa Mère, & son Espoux;
Quelle merueille!
Son Fils sommeille
Sur ses genoux.

Cette Pucelle a dans les yeux
Ce que les Cieux
Ont fait de mieux;
Son front où brille la pudeur
Est vn beau temple

SPIRITVELS

Que l'on contemple
Auec ardeur.

La Vierge.

Bergers parlez vn peu plus bas,
Ne marchez pas
Qu'à petit pas,
Voilà l'Enfant dans son sommeil,
Faites silence,
Qu'aucun n'auance
Qu'à son réueil.

Autre,
Sur l'air, *Cent écus aymable Climene, &c.*

Allons voir,
Berger, & Bergere;
Allons voir
Nostre vnique espoir;
Que chacun luy rende son deuoir
A cét Enfant sur le sein de sa Mere,
Ah ! ah ! ah ! ce diuin mistere

Se peut-il conceuoir?

Permettez,
Vierge fans pareille,
Permettez
De voir ces beautez;
L'on ne voit icy que des clartez,
Et que de voix qui vous charment,
Ah! ah! ah! diuine merueille
Que vous nous enchantez.

Dieu d'amour
Voicy voftre Louure,
Dieu d'amour,
Voicy voftre Cour?
Mais grand Dieu dans ce pauure fejour
Que de prodiges l'on découure:
Ah! ah! ah voftre cœur nous ouure,
Et met fa Grace au jour.

DIALOGVE DE LA NVIT ET DV
jour, sur la naissance du Sauueur.

Sur l'air, *Sommes-nous pas trop heureux, &c.*

La Nuit.

O Iour, ton diuin flambeau
Vient commencer sa carriere,
Mais apprends que sa lumiere
N'a maintenant rien de beau ;
Sçaches que mes voiles sombres
Qui semblent traîner l'effroy,
Ont receu malgré leurs ombres
Vn plus grand bon-heur que toy.

Le Iour.

Quel est donc ce grand honneur
Qui te donne tant d'audace,
Dis-moy quelle est cette grace
Où tu fonde ton bon-heur ;
As-tu veu quelque spectacle

Qui se dérobe à mes yeux,
Ta-t'on fait seruir d'obstacle
A mes desirs curieux.

La Nuit.

Celuy qui forma de rien
Toute la machine ronde,
Et qui crea ce grand Monde,
Dont Luy seul est le soustien;
Est par vn secret mystere
Enuoyé dans ce bas lieu:
Vne Vierge en est la Mere,
Comme il est le Fils de Dieu.

Le Iour.

O Nuit ! explique-toy mieux
Sur cette étrange auanture;
Quoy, l'Autheur de la Nature
Seroit-il sorty des Cieux;
Comment me feras-tu croire
Vn si grand éuenement;
As-tu veu ce Roy de gloire
Pour en parler sçauamment.

La Nuit.
Depuis que j'ay commencé
D'étendre mes sombres voiles,
Et fait briller mes Estoiles,
Ce prodige s'est passé;
Vne Vierge a mis au monde
Ce Monarque glorieux
Que le Ciel, la Terre & l'Onde
Exalteront en tous lieux.

Le Iour.
Mais qui te peut asseurer
Que ce soit ce grand Monarque;
En as-tu veu quelque marque
Que tu puisse figurer;
Dis sous quel Astre propice
Est né ce nouueau Soleil,
Et donne-moy quelque indice
De ce bon-heur nompareil.

La Nuit.
I'ay veu dans vn entre obscur
Cette Vierge chaste & belle
Alaicter de sa mammelle,

Ce Fruit si saint & si pur:
Les Pastoreaux, & les Anges
Vont d'vn cœur deuotieux
Chanter là mille loüanges
A cét Enfant precieux.

Le Iour.

O Nuit ! c'est auec raison
Que tu te croy bien-heureuse,
A ma clairté lumineuse
Tu feras comparaison,
Puis que le souuerain Maistre,
Dont j'emprunte ma clarté,
Dans ton sein a voulu naistre,
Vante ta felicité.

Autre,

Sur l'air, *Vne simple Bergame*, &c.

ALlons voir dans la grange
 Cét Enfant nouueau né, bis.
Que Dieu nous a donné,

A ce que dit vn Ange,
Et qu'il est enfanté,
D'vne chaste beauté.   bis.

Cét Ange nous assure
Que ce diuin Enfant,   bis.
Si beau, si triomphant,
Est couché sur la dure.
Dans des simples drapeaux
Entre deux animaux.   bis.

Quoy l'Ange manifeste
Vn miracle si grand,   bis.
Mais dis-nous s'il apprend
Pourquoy ce Roy celeste
Est venu naistre icy,
Et s'est reduit ainsi.   bis.

Comment se peut-il faire,
Qu'estant le Fils-Dieu,   bis.
Il soit en ce bas lieu
Reduit dans la misere;

Ce Mistere, Tirsis,
Estonne nos esprits.   bis.

Il dit qu'il vient naistre
Dans ce pauure sejour,   bis.
Pour marquer son amour,
Et que ce puissant Maistre
Veut des simples Pasteurs
Pour ses adorateurs.   bis.

Tu rauis nos oreilles
Par ce discours charmant,   bis.
Allons tous maintenant
Adorer ces merueilles,
Et selon nos pouuoirs
Rendons-luy nos deuoirs.   bis.

Autre,
Sur l'air, *L'Ombrage des bois*, &c.

AH! diuin Enfant enuoyé des Cieux,

Que

Que vous auez d'amour & d'attraits
　　dans les yeux;
Voſtre Grandeur
Dans cette pauure étable
N'eſt pas moins adorable
Que parmy la ſplendeur.

Que vous paroiſſez diuin & charmant,
Que vous auez d'éclat dans cét abaiſſe-
　　ment;
Voſtre Grandeur
Dans cette pauure eſtable
N'eſt pas moins adorable
Que parmy la ſplendeur.

Vous auez voulu, pour finir nos maux,
Naiſtre ſi pauurement entre deux
　　animaux.
Voſtre grandeur
Dans cette pauure étable
N'eſt pas moins adorable,
Que parmy la ſplendeur.

C

POVR LA CIRCONCISION,

Sur l'air, *Pour la Bergere Lizette*, &c.

Voyons entrer dans le Temple
Cette merveille des Cieux :
Tout le monde la contemple,
Et son Enfant glorieux ;
Pour subir les loix humaines ;
Cét vnique Fils de Dieu
Souffre que ses tendres veines
Versent du sang en ce lieu.

Quand cette diuine Aurore
Entend les cris innocens
De ce Soleil qu'elle adore,
Ces maux en sont plus pressans ;
Les douleurs parmy les charmes
Font vn meslange si doux,
Que le ruisseau de ses larmes

SPIRITVELS.

En tirent des yeux de tous.

Mais ces precieuses veines
S'ouuriront bien mieux vn iour,
Il veut par ses longues peines
Nous témoigner son amour:
Venez Vierge rauissante,
Receuoir ce doux tresor,
Cette victime innocente
Ne s'immole pas encore.

POVR L'ADORATION DES ROIS.

Sur l'air, *Tout ce que l'on voit au monde*, &c.

LA belle estoille naissante
Qui paroist dans son riant,
Se montre encore plus brillante
A trois Rois de l'Orient,
Et leur science profonde

Découure subtilement
Qu'il faut que le Sauueur du monde
Soit dans ce bas élement.

※

Lors ces trois illustres Mages
Inspirent diuinement,
Vont luy rendre leurs hommages
Dans vn saint abaissement;
Cette troupe bien-heureuse,
Pour trouuer ce grand Dauphin,
Suit l'étoille misterieuse
Qui leur montre le chemin.

※

O Vierge chaste & modeste,
Vous les voyez ces grands Rois
Aux pieds de ce Roy Celeste,
Pour se soûmettre à ses loix.
Ah! que vostre ioye est grande,
Et celle de vostre Epoux;
Quand chacun luy donne vne offran-
  de,
Et se prosterne à genoux.

O puissance Souueraine!
Quoy que vous vous abaissiez,
Toute la nature humaine
Se vient soûmettre à vos pieds;
Les Monarques & les Anges
Dans ce saint & sacré lieu
Font bien iuger par leurs loüanges
Que vous estes Fils de Dieu.

Autre,

Sur l'air, *Apres auoir dessus l'herbette, &c.*

Bergers allons voir dans l'étable
Ce diuin fils du Tout-puissant,
Puis qu'il est là si miserable,
Portons luy chacun vn present;
Puis nous accorderons nos voix
Bergers & Bergeres;
Puis nous accorderons nos voix
Sur nos hautbois.

L'on dit que ce grand Roy de Anges
Est nud prés de deux animaux;
Philis luy portera des langes,
Et toy Climene des drapeaux,
Puis nous accorderons, &c.

Sus sus, Pasteurs que l'on s'auance,
Ie vois ce petit Enfant-Dieu,
Faisons luy tous la reuerence
En entrant dans ce sacré lieu,
Puis nous accorderons, &c.

POVR LES AVENTS.

Sur l'air, *Passer prés du Humeau de la jeune Bergere,* &c.

Puissant Dieu des mortels du trône d'où vous estes,
Contemplez icy bas l'excez de nos malheurs:

Ha ! les predictions de vos divins
 Prophetes
Nous ont fait esperer le calme à nos
 douleurs, bis.

Ces Prophetes, Seigneur, nous
 auoient fait entendre,
Que pour nous garantir d'vn tour-
 ment éternel,
Vostre Fils bien aymé deuoit vn iour
 descendre,
Et quitter pour vn temps le front
 Paternel,
Et quitter pour, &c.

Vous nous l'auez promis, Seigneur,
 il le faut croire,
Nous le verrons briller cét Astre glorieux,
Son abord sousmettra toute la bande
 noire,

Helas haftez, Seigneur, ce moment
  precieux,
Helas haftez, &c.   bis.

Autre,

Sur l'air, *Les oyseaux viuent sans contrainte*, &c.

HA! que d'Adam le premier
  homme,
  Le morceau de pomme
  Nous fit grand tort,
Sans cette cruelle auanture
Nous n'aurions jamais craint la mort,
Ny nous ny la race future
N'auroient éprouué la rigueur du sort.

C'est là d'où viennent les miseres
Des premiers Peres
Priuez du iour,
Languiffants parmy les tenebres,

Où l'horreur fait vn noir sejour,
Ces captifs de plaintes funebres
Du Seigneur implorent la grace &
l'amour.

Aujourd'huy vos vœux & vos plaintes,
Ames tres-saintes
Sont exaucez!
Mais pour vous tirer troupe heureuse
De ces lieux où vous languissez,
Attendez la mort douloureuse
Du Seigneur à qui vos vœux sont adressez.

POVR L'ANNONCIATION,

Sur vn des derniers airs de Versaille,
Icy l'ombre des ormeaux, &c.

Avant que l'Astre du iour
fut sorty du sein de l'Onde,

Et recommencé le tour
De sa course vagabonde,
Vne heure auant son retour,
Vne Vierge sans seconde
Dedans son petit sejour,
Offroit au Sauueur du monde
Vn cœur tout brûlant d'amour.

Tandis que iusques au Cieux
Sa belle Ame est toute entiere,
Elle sent frapper ses yeux
D'vne celeste lumiere
Qui brille de mille feux;
Elle cesse sa priere
Quand vn Ange glorieux,
D'vne diuine maniere
Se fait entendre en ces lieux.

Quel est son estonnement
Quand cét Ange la salüe
Auec vn abaissement
Dont la cause est inconnuë,

Iusques à ce doux moment,
Cette Vierge en est esmeuë,
Lors que cét Ange charmant
L'assure qu'elle est éleuë
Pour vn grand éuenement.

Ce celeste Ambassadeur
Par vne grace éloquente,
Sçait r'assurer la pudeur
De cette Vierge innocente,
Quand elle apprend son bonheur,
Alors d'vne ardeur feruante,
Elle dit, ha! mon Seigneur,
Ie suis ton humble seruante
Du plus profond de mon cœur.

Alors le Verbe diuin,
Tandis qu'elle s'humilie,
En s'incarnant dans son sein,
Accomply la Prophétie,
Et met au iour son dessein ;
Tout l'enfer plain de furie

remit & tremble soudain,
Quand il sçait que le Messie
Vient sauuer le genre humain.

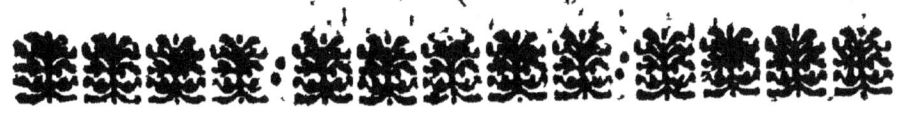

POVR LA NAISSANCE.

Sur l'air, Mon cœur est à toy, &c.

Au Soleil.

ARreste en passant,
Clarté vagabonde,
Pour voir dans le monde
Vn astre naissant.
C'est le Tout-puissant
Que rien ne seconde,
Va cacher dans l'onde, bis.
Vn front rougissant.

C'est là le Soleil
Qui te donna l'estre,
Qui te fait paristre
Dans cét appareil;

SPIRITVELS.

Il est sans pareil,
Il n'a point de maistre,
Et fait bien connoistre,   bis.
Qu'il est Roy du Ciel.

Autre,
Sur l'air, *Ménageons les plaisirs Bergere,*
&c.

CEssez superbes édifices
De montrer vos fronts orgueil-
leux;
Vos frailes artifices
Qui regardent les Cieux,
Ne sont plus les delices
Qui repaissent mes yeux.

Puis que l'autheur de la nature,
Pour nous témoigner son amour
Dans vne grotte obscure,
Vient faire son sejour;
Ie haïs vostre structure,

Et fais icy ma cour.

L'on voit dedans des pauures langes
Cette adorable Majesté
Parmy des troupes d'Anges,
Tous brillans de clarté,
Qui chantent des loüanges
A sa Diuinité.

Autre,
Sur l'air, *Ie cheriſſois ma chaïſne*, &c.

O Merueilles eſtranges!
O mortels qu'elle nouueauté!
Venez voir dans la pauureté
Dans ce lieu, dans ce lieu le maiſtre
   des Anges.

Au bruit de tant d'Oracles
Ce diuin Soleil a paru,
Mortels, ſi vous ne l'auez crû,

SPIRITVELS, 47

Croyez-le, croyez-le apres tant de miracles.

※※※※·※※※※·※※※※

Autre,
Sur l'air, *Croyez-moy, haſtons-nous ma Siluie*, &c.

Vous voicy pour finir nos allarmes,
L'on vous voit, ô precieux Enfant!
Vous venez auec tous vos charmes
Pour finir nos soûpirs & nos larmes,
Sur l'enfer vous rendre triomphant.
Acheuez Monarque souuerain,
Acheuez cette insigne victoire,
Qui ne se doit qu'à voſtre main,
Mais helas, puissant Roy de gloire,
Que fera pour vous le genre humain.

Autre,

Sur l'air, *Petite Bergere peu sage*, &c.

HA ! compagnons preſtons l'oreille
Au ſon de ces diuins concerts,
Les Cieux viennent d'eſtre ouuerts ;
Bergers cette merueille
Doit eſtonner l'vniuers ;
Il n'eſt point de beauté pareille
A ces objets divers.

Tirſis ie commence d'entendre
Ces Courtiſans du Roy des Rois,
Ils viennent tous à la fois
Pour nous faire comprendre
Ce que prononce leur voix,
Leur accent ſi clair & ſi tendre
Fait retentir nos bois.

Prodige

SPIRITVELS.

Prodige que rien ne seconde,
Ces Anges beaux & glorieux
Disent que le Roy des Cieux
Est venu dans le monde
Pour sauuer les malheureux,
Qu'il soûmet sa grandeur profonde
A des maux rigoureux.
Ils disent qu'vne vieille Estable
luy sert de Trône & de Palais,
Qu'il n'a meubles ny vallets,
Qu'il se rend miserable
Pour nous annoncer la paix,
Que de sa naissance admirable
Nous verrons les effets.

Autre,
Sur vn air, Qui se chante aux amours
de Iupiter & de Semelé.

Vous pour qui mon cœur soûpire, &c.

HA! Tirsis, tu n'est pas sage,
 Ton langage,

L'entens-tu
Ne peut estre crû:
Et comment pourroit-on croire
Que le Roy de gloire
Fit quelques faueurs
A des simples Pasteurs.

Il n'a ny faste ny pompes;
Tu te trompes,
Si tu crois
Qu'il en ait fait choix.
Les Anges, chose admirable
Ont dit qu'vne Estable
De ce doux Sauueur
Renferme la grandeur.

Allons donc voir tout à l'heure
La demeure
Et le lieu
De cét homme Dieu.
Et joüons sur nos Musettes
mille Chansonnettes

SPIRITVELS.
Pour le réjoüir
S'il daigne les ouïr.

Autre,
Sur l'air, *Trelon-ton-ton*, &c.

Ou tous nos *Prescheurs*, &c.

Damon, ie void briller vne lumiere,
Où j'aperçois cét aymable Poupon,
Pour l'honorer ayant fait ta priere,
Prends ton Haut-bois & touche d'vn haut-ton, trelon-ton-ton, trelon-ton-tene,
Trelon-ton-ton, trelon-ton-ton.

Hai ie la void cette Vierge admirable,
L'Ange l'a dit auec juste raison,
Et dans ce coin ce Vieillard venerable
Qui prend plaisir d'écouter ce doux son,

D ij

Trelon-ton-ton, &c.

Tout est charmant dans cette pau-
　ûre Estable,
L'Enfant, la Mere & son Espoux grison,
Touchós leur donc sur vn son agreable
Sur nos Haut-bois sans cesse la Chan-
　son,
Trelon-ton-ton, &c.

Autre,

Sur l'air, *Ha! mortelles douleurs, chanté
au dernier diuertissement de Versailles.*

HA! Seigneur, vos bontez
Ne se peuuent comprendre,
Pour nos calamitez
Vostre cœur est trop tendre;
Quoy vous sortez d'vn Trône glorieux
Pour venir naistre en vne pauure
　Estable,

SPIRITVELS.

Venir pour nous vous rendre malheu-
reux,
Et nous prefter à tous voftre main
secourable.
Ha ! Seigneurs, vos bontez
Ne se peuuent comprendre,
Pour nos calamitez,
Voftre cœur eft trop tendre.

Autre,
Sur vn autre air de Verfailles.

L'autre iour d'Annette, &c.

Depéche Nannette
d'éueiller Margot,
Et dit à Perrette
d'apeller Guillot.
Cà, çà Bergers qu'on s'éueille,
Dépéchez-vous de vous leuer
Pour voir la merueille
Qui vient d'arriuer.

Vous dormez encore,
Ne pretendez-pas
D'attendre l'Aurore
Pour suiure mes pas.
 Cà, çà Bergers, qu'on s'éueille,
Dépechez-vous de vous leuer
Pour voir la merueille
Qui vient d'arriuer.

Dans le voisinage
Chacun est debout,
Et nostre village
Abandonne tout.
 Voila Margot qui s'éveille,
Dépeche de te leuer,
Pour voir la merueille
Qui vient d'arriuer.

Autre,

Sur l'air ; *Vous qui corrompez le ius bachique, &c.*

FAudra-il laisser à l'auanture
Nos brebis à la gueule des loups,
Més compagnons à quoy songez-vous,
Si ces loups en font leur pâture,
Cette perte nous ruïneroit tous.

Non, Bergers, abandonnons nos granges,
Et quittons sans crainte nos troupeaux,
Laissons les paistre sur les costeaux,
Puis que ces officieux Anges
Nous les garentiront de tous maux.

Ie vay porter vne brebiette,
Dont la laine semble de cotton,
Pour l'offrir à ce diuin Poupon,

Toy Guillot porte ta musette,
Où tu luy joüeras vne chanson.

Toy, que luy donneras-tu Perrette,
A cét Enfant si rare & si beau ;
Tu luy feras present d'vn berceau
Porté par ton vallet Narette,
Et du drap pour luy faire vn rideau.

L'on dit qu'vne Vierge en est la mere,
Qui l'a mis au monde cette nuit,
Dans vne grotte obscure sans bruit,
Sans lit, sans secours, sans lumiere,
Où tres-pauurement il est reduit.

Autre,

Sur l'air ; *Viuons heureux, aymons nous,*
&c.

Bergers approchons-nous tous sans crainte,

Bergers approchons-nous tous,
Puis que cette Majesté sainte
Nous jette vn regard si doux,
Bergers approchons-nous tous sans crainte,
Bergers approchons-nous tous,
Rendons-luy tous de l'honneur sans cesse,
Rendons-luy tous de l'honneur;
Que chacun de nous s'abesse
Du plus profond de son cœur;
Rendons-luy tous de l'honneur sans cesse,
Rendons-luy tous de l'honneur.

Autre,
Sur des Menuets, *L'on ne voit rien de si beau dans Paris*, &c.

L'On ne voit rien de si rare icy bas,

L'on ne voit point d'attraits, de char-
mes ny d'appas
Egaux à ceux que l'on voit depuis peu.
  Vne pucelle
  Et ieune & belle,
Dans Bethléem dans vn tres-pauure
lieu,
Vient d'enfanter l'vnique Fils de Dieu.

Nous auons veus ces celestes beautez,
Et pres d'eux vn saint homme assis à
leurs costez,
Tout y tient là de la Diuinité.
  Nostre visite
  Quoy que petite,
Et nos presens ont pourtant contenté
Cette sacrée & haute Majesté.

Ha ! compagnons, que nous appre-
nez-vous ;
Hastons-nous d'aller voir vn Monarque si doux,

SPIRITVELS.

Puis qu'il veut bien voir des pauures
   Bergers.
     Allons sans crainte
     Et sans contrainte;
Mais en courans gais, contens &
   legers,
Faisons venir tous ceux de nos vergers.

Autre,
SVR LA NAISSANCE DV
Sauueur.

Sur l'air, *Vous auez l'humeur friponne,*
   ie le connois à vos yeux.

HA! qu'elle réjouissance
  Sur la terre & dans les Cieux,
Pour la diuine naissance
D'vn Enfant misterieux.
L'on dit qu'il est d'vne naissance,
Qui confond les curieux.

L'on dit que iamais la terre

N'a rien eu de si parfait;
Qu'il est le Dieu du tonnerre,
Celuy par qui tout se fait,
Celuy dont la main enserre,
Et reigle ce qu'il luy plaist.

Le Tout-puissant est son Pere,
Qui l'a fait descendre icy;
Vne Vierge en est la Mere,
Et tout a bien réüssi.
N'en cherchons point le mistere,
C'est Dieu qui l'a fait ainsi.

Autre,
DIALOGVE DE L'ANGE,
& des Bergers.
Sur l'air, *La Bergere Aminte & le Berger Tirsis*, &c.

L'Ange.

SVs, qu'on se réueille,
Bergers ouurez les yeux,

SPIRITVEL.

Oyez la merueille
Que j'apporte des Cieux ;
Viſte daignez m'entendre,
De bout, mes amis
   Endormis,
   Venez apprendre
Vn grand bon-heur qui vous eſtoit
   promis.

Les Bergers.
O merueille eſtrange !
Bergers réveillez-vous
Pour voir vn bel Ange
Qui veut parler à nous ;
On ne voit que lumiere,
   Et de mille feux
   Lumineux,
   Le Ciel éclairé
Par quelque éuenement prodigieux.

L'Ange.
Troupe paſtourelle,
Silence, écoutez toſt
L'heureuſe nouuelle

Que j'apporte d'enhaut,
Il vient icy de naiſtre
 Vn petit Dauphin
 Tout diuin,
 Pour le connoiſtre;
Gentils Bergers mettez-vous en che=
 min.

Les Bergers.

 Quel eſt donc ce Prince,
Ce petit nouueau né;
De quelle Prouince
Nous eſt-il amené ?
Voyez-vous, Ange ſage
 Que des ſimples gens
 Indigens
 Sans équipage
Soient bien receus dans le Palais des
 Grands.

L'Ange.

C'eſt le Roy ſupréme,
Ce Monarque des Cieux;
Bergers, c'eſt luy-meſme

SPIRITVEL.

Qui demande vos vœux;
Il est dans vne Créche
   Tout tremblant sans feu;
Sur vn peu
   De paille fraische;
C'est-là qu'on voit ce diuin Fils de Dieu.

Les Bergers.

Mais esprit celeste
N'est-il pas à propos
Qu'icy quelqu'vn reste
Pour garder nos troupeaux;
Trouuez-le bon, bel Ange,
   Car s'il vient vn loup
   Tout d'vn coup
   Qui nous les mange;
La perte nous affligeroit beaucoup,

L'Ange.

Le loup n'aura garde
D'entrer dans vos vergers,
Nous y prendrons garde,
Ne craignez rien, Bergers,

Allez dans sa demeure,
 Ce diuin Soleil
 Sans pareil
 Est à cette heure
En Bethléem dans vn pauure appareil.

Les Bergers.

 Quittons la montagne
Bergeres & Bergers ;
Allons en campagne
Sans crainte & sans dangers ;
Nous verrons dans la grange
 Le petit Enfant
 Triomphant,
 Ce diuin Ange
Assure qu'il est Fils du Tout-puissant.

Autre,

Sur l'air, *Cupidon échapé de sa mere, &c.*

Vous vous affligez, ô Vierge
 sainte,

SPIRITVELS.

Vous verſez des pleurs abondamment,
D'auoir eſté cette nuit contrainte
De vous loger ſi pauurement ;
Et pourtant voſtre ame n'eſt atteinte,
Que pour ce diuin Enfant.

Helas ! Vierge tendre & pitoyable,
Vous pleurez dans cette extremité,
De voir dedans vne vieille eſtable
Reduire tant de Majeſté,
Ce Dieu grand, puiſſant & redoutable,
Eſt dans la neceſſité.

Mais vous ſçauez, Vierge chaſte &
belle
Que ce cher Fils que vous aimez tant
S'eſt couuert de noſtre chair mortelle
Pour vn ſujet tres-important ;
Et dans cette miſere cruelle
Vous voyez qu'il eſt conſtant.

Luy ſeul par qui toute choſe abonde,

E

Luy de qui dépend nostre bonheur
Dés qu'il est venu paroistre au monde;
S'il eût desiré de l'honneur,
N'eust-il pas sur la terre & sur l'onde,
Fait éclatter sa grandeur.

Autre,
Sur l'air, *Chantez Rossignols sauuages, &c.*

CHantons Bergers & Bergeres,
Chantons à ce Roy des Roys;
Que les bois & les riuieres
Retentissent de nos voix;
Que chacun s'accorde
A nos flajolets,
Du Dieu de concorde
Chantons les hauts faits,
Du Dieu de concorde
Chantons chantons les hauts faits.

Allons, sortons du village,

Et nous mettons en chemin
Pour rendre profond hommage
A ce glorieux Dauphin;
Que chacun s'accorde
A nos flajolets,
Du Dieu de concorde
Chantons les hauts faits, &c.

De luy porter quelque lange,
Il faudroit auoir le soin;
Vous sçauez que ce bel Ange
A dit qu'il en a besoin;
Que chacun s'accorde
A nos flajolets,
Du Dieu de concorde
Chantons les hauts faits, &c.

Autre,
Sur l'air, *Va-ten voir s'ils viennent*, &c.

Nannette, Toinon, Florant
Veulent qu'on les méne,

ANTIQVES

Et ie crois que Clidamant
Suiura Lisimene,
Va-t'en voir s'ils viennent;
S'ils ne viennent reuien-t'en,
Nous partirons à l'instant,
Va-t'en voir s'ils viennent,
Va-t'en voir s'ils viennent.

Vn Berger.

Ils viendront dans vn moment,
N'en soit point en peine,
Et porteront à l'Enfant
Deux bestes à laine,
Les voicy qui viennent;
Puis que chacun est contant,
Nous partirons à l'instant,
Les voicy qui viennent,
Les voicy qui viennent,

Autre,

Sur l'air, *Du traquenard*, &c.

Compagnons d'où venez-vous,
Vous vous entre-suiuez tous,

SPIRITVELS.

L'on voit dans vos yeux
L'allegresse l'allegresse,
L'on voit dans vos yeux
Que vous estes fort ioyeux.

Chacun de nous en effet
Est contant & satisfait,
Nous venons de voir
Vn prodige, vn prodige,
Nous venons de voir
Ce qu'on ne peut conceuoir.

Dites-nous donc promptement
Quel est cét euenement;
Certain bruit confus
En murmure en murmure,
Certain bruit confus,
Mais nous n'en sçauons rien plus.

C'est vn aimable Dauphin,
C'est vn Enfant tout Diuin
Que nous auons veu

Plain de charmes, plain de charmes,
Que nous auons veu
De gloire & d'attraits pourueu.

Voudroit-il voir des Pasteurs
Autant que des grands Seigneurs;
On l'a veu pour nous
Debonnaire, debonnaire,
On l'a veu pour nous
Aussi complaisant que doux.

Est-il dans Hierusalem,
Non, il est dans Bethléem,
Qui n'a pour maison
Qu'vne estable, qu'vne estable,
Qui n'a pour maison
Qu'vne estable à l'abandon.

www.ingramcontent.com/pod-product-compliance
Lightning Source LLC
LaVergne TN
LVHW051506090426
835512LV00010B/2365